Simone Caridi

LA GRANDE DIPENDENZA

Simone Caridi

LA GRANDE DIPENDENZA

Come uscire dalla tua dipendenza per entrare in un altra più grande

Edizioni Sant'Antonio

Imprint
Any brand names and product names mentioned in this book are subject to trademark, brand or patent protection and are trademarks or registered trademarks of their respective holders. The use of brand names, product names, common names, trade names, product descriptions etc. even without a particular marking in this work is in no way to be construed to mean that such names may be regarded as unrestricted in respect of trademark and brand protection legislation and could thus be used by anyone.

Cover image: www.ingimage.com

Publisher:
Edizioni Accademiche Italiane
is a trademark of
Dodo Books Indian Ocean Ltd. and OmniScriptum S.R.L publishing group

120 High Road, East Finchley, London, N2 9ED, United Kingdom
Str. Armeneasca 28/1, office 1, Chisinau MD-2012, Republic of Moldova, Europe
Printed at: see last page
ISBN: 978-613-8-39459-4

LA GRANDE DIPENDENZA

INDICE

PREFAZIONE

Io, Simone, mi sono proposto di ricercare ed esplorare tutto ciò che gli uomini fanno. Ho visto tutte le opere che si fanno sotto il sole. Ho deciso allora di conoscere la sapienza e la scienza, come anche la stoltezza e la follia: molta sapienza, molto affanno; chi accresce il sapere aumenta il dolore. Io dicevo fra me: "Vieni dunque voglio metterti alla prova con la gioia. Gusta il piacere!". Ho voluto allietare il mio corpo con il vino e così afferrare la follia, pur dedicandomi con la mente alla sapienza. Volevo scoprire se c'è qualche bene per gli uomini che essi possano realizzare sotto il cielo durante i pochi giorni della loro vita. Ho intrapreso grandi opere, mi sono fabbricato case, mi sono piantato vigneti. Mi sono fatto parchi e giardini e vi ho piantato alberi da frutto d'ogni specie; mi sono fatto vasche per irrigare con l'acqua quelle piantagioni in crescita. Mi sono fatto maggiordomi, altri ne ho avuti nati in casa; ho posseduto macchine e motori di ogni genere, più di tutti quelli che mi hanno preceduto. Ho accumulato per me anche argento e oro, ricchezze di re e di province. Mi sono procurato cantori e cantatrici, insieme con molte donne, delizie degli uomini. Sono divenuto più ricco e più potente di tutti i miei predecessori, pur conservando la sapienza. Non ho negato ai miei occhi nulla di ciò che desideravano, né ho rifiutato alcuna soddisfazione al mio cuore, che godeva d'ogni mia fatica. Ho considerato che cos'è la sapienza, la stoltezza, la follia: "Che cosa farà il mio successore? Quello che hanno fatto prima di lui". Il saggio ha gli occhi sulla fronte ma lo stupido cammina nel buio, tutti e due però moriranno, a che gli è servito al saggio essere saggio? Allora presi in odio la vita, perché mi era insopportabile quello che si fa sotto il sole. Ho preso in odio ogni lavoro che con fatica ho compiuto sotto il sole, perché dovrò lasciare tutto al mio successore. Che guadagno ha chi si dà da fare con fatica? Infatti la sorte degli uomini e quella delle bestie è la stessa: come muoiono queste, così muoiono quelli.

Ecco le lacrime degli oppressi e non c'è chi li consoli; dalla parte dei loro oppressori sta la violenza, ma non c'è chi consoli. Allora mi son detto felici i morti, ormai trapassati, più dei viventi che sono ancora in vita; ma più felice degli uni e degli altri chi ancora non esiste, e non ha visto le azioni malvagie che si fanno sotto il sole.

Il caso di chi è solo e non ha nessuno, né figlio né fratello eppure non smette mai di faticare, né il suo occhio è mai sazio di ricchezza: "Per chi mi affatico?"; meglio essere in due che uno soltanto. Chi ama il denaro non è mai sazio di denaro e chi ama la ricchezza non ha mai entrate sufficienti. Tutta la fatica dell'uomo è per la bocca, ma la sua fame non è mai sazia.

L'INIZIO

È sera, sono in camera mia, luce soffusa, fuori piove, il vento soffia alle finestre e come sempre vi è l'armadio che cigola. "Boom" con la mano addosso all'anta e finalmente si chiude. "Ancora sveglio sei?" mia mamma, una donna alquanto particolare, dona sempre il meglio di sé, ma una grande pernacchia, sempre pronta a criticarti, "Sì, mamma, tra un po' vado a letto" rispondo "Chiudi la por.." non riesco a finire la frase che la porta rimane aperta, perché tutte le mamme non chiudono mai la porta?

Finalmente sono solo, con tutte queste interruzioni non riesco mai a finire ciò che ho iniziato. È meglio che vado a vivere da solo, mi sono stufato di dover dare spiegazioni di quello che faccio, voglio fare ciò che più mi piace, girare nudo per casa, urlare, bere e fumare.

Ho mille interrogativi a cui rispondere: chi sono? Da dove vengo? E dove vado? Cosa voglio veramente? Sono un illuso, penso di rispondere ad interrogativi a cui tutta l'umanità da secoli sta provando a dare risposta. Ognuno prova a rispondere a suo modo, chi nel consumismo, sperperando i suoi soldi in abiti e cianfrusaglie inutili, che oggi servono e domani non lo sono più; chi nella droga, per entrare in un mondo illusorio in cui tutto sembra diventare ordinato; chi abbandonandosi in modo sconsiderato al valore che il proprio partner gli può donare e senza il quale si sente vuoto. Tutte queste io le chiamo dipendenze. Dipendenze, ovvero ritornare a qualcosa che ti fa stare bene. Davvero io ho bisogno di una stampella per stare bene? Non posso sentirmi completo senza il bisogno di qualcuno? Sarà meglio andare a letto, penso, e per questi interrogativi un giorno, forse, la vita riuscirà a darmi risposta. Nel frattempo mi rifugio nelle mie canzoni, almeno mi parlano di filosofia, la quale sembra coprire il mio vuoto con un po' di sapienza popolare. Anche se il rap, a volte, ti dipinge un mondo di battaglia in cui sei sempre in guerra contro il tuo prossimo perché può sempre "fregarti" in qualsiasi momento. D'altronde, chi non ha mai ricevuto un torto dagli altri? "Sì, caro Simone", confermo, "tutti subiscono ingiustizie ogni giorno, anche dal proprio migliore amico, addirittura dai propri genitori. Ah, questa malizia, da dove è uscita per abitare continuamente nel seno degli uomini?" Siamo in guerra con gli altri, dicono, ma quant'è difficile goderti una semplice scampagnata con qualche tuo amico se lo consideri un potenziale nemico? Quante domande e quante plausibili risposte. Questo rap mi fonde il cervello, sarà veramente così la realtà? Dalle mie poche esperienze posso capire come l'uomo sia pronto a ferire, per egoismo, per invidia, per competizione, e abbandono la voglia di fidarmi delle persone. Buona notte!

“Mamma che tempo porta oggi?” “Dicono sole, ma fuori c’è nuvolo, sembra il replay di ieri” risponde mio fratello. Non mi sono ancora alzato dal letto e ho già di che lamentarmi. Non è possibile che oggi non si possa almeno portare fuori il cane. Il fatto che molti di noi vivono cercando anche la minima cosa per cui lamentarsi mi fa pensare, è come entrare in una casa nuova e continuamente cercare qualcosa che non vada bene. È il momento del risveglio, rimango appisolato sul cuscino e penso a quello che mi spetta. Che vita monotona, sempre le solite cose, questa vita continua a rubarmi e non c’è nessuno che mi restituisce. Perché continuare ad andare al lavoro? D’altronde la vita è fatta per essere vissuta e goduta, mica sprecata così. Alla fine, con il senso di povertà che m’avvolge continuamente, mi alzo. Bevo un caffè al volo e parto; la giornata inizia.

“Buongiorno ragazzi” saluto il mio gruppo lavorativo, “Ciao Simo, allora oggi dovrai svolgere diverse mansioni e iniz..” fermati, fermati, replico “Il capo mi ha già stilato la lista delle cose da fare ieri, non cominciare anche tu, ti prego” e tra una risata e una speranza guidata dal caso, inizio il mio lavoro. “Il buon samaritano è arrivato, chi vuole sfogarsi?” affretto a proferire ai miei colleghi con simpatia. Infatti, molte volte, le persone mi prendono talmente in simpatia da raccontarmi i loro problemi. E non vi dico! Chi lasciata dal suo futuro marito, chi ha perso soldi in un progetto che alla fine si è rivelato una bufala, chi ha dovuto troncare un'amicizia durata tanti anni per delle stupide malelingue. Tutte queste persone vivono il loro presente in base alle loro esperienze del passato ed è per questo che non si fidano più della gente, non credono più nell'amore e vivono con dei sogni nel cassetto mai realizzati perché si sa, l'età adulta non permette di avere troppe fantasie in mente. Ma come dargli torto? Se ho subito un torto da una persona di cui mi fidavo, aspetto di riceverlo anche da altri.

"Ehi, Simo, hai sentito l'ultima notizia?" mi dice Andrea, il mio collega. "Gira voce che ultimamente è sbucato tra noi uno che ha una saggezza incomparabile, lo chiamano Elia, il profeta Elia" "E quindi? Cosa fa? A che tipo di religione medievale appartiene?" replica "Nessuno lo sa di preciso, ma quando parla non si riesce a resistergli, almeno, così dicono". Non voglio ammetterlo, ma dentro di me s'accende una futile speranza, una piccola luce, un profondo desiderio di trovare risposte ai miei dilemmi. Non mi va di andare dietro a ciarlatani, penso tra me, quelli ti fregano con buone parole e poi ti svuotano il portafoglio. "Va bene, grazie Andre, chissà quanti creduloni sono finiti nelle sue mani" affermo con sorriso.

"A domani ragazzi" "A domani".

Il profeta Elia? Mmh, cerchiamo su internet. Digito, quasi entusiasta, il nome di questo profeta. Non ci credo! È un profeta della Bibbia. Vissuto migliaia di anni fa. Sarà proprio lui? Stasera non ho voglia di interrogarmi sul mio quaderno dei pensieri di come la vita sia un dilemma e un caos senza risposta, me ne andrò a dormire, sono abbastanza stanco.

È sabato, il sole splende, la vita mi sorride, gli uccelli cinguettano allegramente, il cielo risplende di un blu catatonico, ma soprattutto, oggi non si lavora. "Che farò oggi?" Dico, "Andrò al bar", mi rispondo. "Bella simo, bevi un caffè" "Ma quale caffè" ribatto a Giovanni "Ordinami una birra, intanto io vado in bagno!". Le persone bisbigliano e ancora sento parlare di questo profeta Elia. "Sai oggi è una bella giornata" dico a Giovanni "Perché? Non si lavora vero?" e scoppiamo in una sana risata. "Sono passati anni e ancora non ho trovato una fidanzata, forse era meglio continuare a rimanere religioso" dico con sbruffonaggine. Per chi non lo sapesse, nella mia adolescenza sono stato un gran religioso, ho seguito per molti anni il credo cristiano, ma per le troppe pressioni che ricevevo dai vari componenti ho abbandonato tutto. E poi, come un'unghia che mi graffiava l'anima, il desiderio di divertirmi e tornare, come alle medie, a uscire con i miei vecchi amici scalpitava. "Hai sentito le voci che girano?" mi dice il mio amico "Anche tu con questo profeta?" mi arrabbio, "Non è possibile che ai giorni nostri si creda ancora a queste scemenze, vorrei proprio incontrarlo". "Guarda" mi suggerisce "Non è molto lontano, si dice che in questo momento percorra le strade di Milano", "Ah, quindi è proprio vicino. Penso che andrò a incontrarlo". Il giorno seguente mi accingo a prendere il treno, indeciso se acquistare o meno il biglietto, presi la decisione di salire sul treno e sì, senza biglietto. Milano è Milano, tra il duomo, la pulizia, e i negozi d'abbigliamento, è proprio una città all'avanguardia. Alla fine cosa perdo? Devo solo trovarlo e sentire cosa professa, nel caso mi sarei semplicemente fatto un giro in una delle città più bella d'Italia. Scendo dal treno e a confronto della malandata stazione da cui sono partito, questa è un'altra storia. Pavimenti nuovi, controllori all'opera, pulizia, ordine e un mare di persone che assomigliano a dei robot. Sono arrivato finalmente. Chissà quale esperienza mi aspetta.

Tra monumenti, centri storici, e opere architettoniche di alto livello, io mi incammino verso il centro per testare se veramente questa città è di alta qualità: proviamo il gusto dell'alcool. Prendo la radiale e tra odori di ascella e profumi andati a male, penso sia arrivato il momento di godermi uno spritz milanese. Il primo bar che trovo sarà mio, penso, e nel frattempo mi domando come può essere questo profeta Elia. Sarà il solito predicatore che si trova nelle città, megafono in mano, cartello al collo che annuncia la fine imminente, e poco gusto nel vestire. "Ma chi me l'ha fatto fare", inizio a domandarmi, "potevo starmene al mio paese a godermi una bella pescata". Trovato il bar finalmente posso ordinare uno spritz. Mi siedo, la giornata è lunga, sono appena le 9 di mattino, e non ho intenzione di ricercare sfrenatamente questo presunto predicatore; se sarà lo incontrerò, altrimenti me ne andrò a casa. Ho finito il mio spritz, pago, e inizio a passeggiare per Milano. Mentre cammino, sento che la gente inizia ad esclamare "Elia, Elia, c'è Elia". Li seguo, chissà cosa mi spetta, un uomo che grida nelle piazze? Che spezza le vite già piegate dai problemi con i suoi giudizi? Che, con le critiche, spegne chi nella vita non ha più speranze? Oppure un nuovo annuncio? Eccolo, fulvo di capelli, occhi azzurri, biondo, vestito decentemente, nessun megafono, nessun cartello e soprattutto nessun proselitismo. È seduto, su dei gradini, con attorno un piccolo numero di persone, sembra quasi un'artista di strada con attorno i suoi ascoltatori. È gente di tutti i tipi, impiegati con la valigetta, capi d'azienda (lo capisco da quante telefonate ricevono), operai, casalinghe, medici. Mi stupisce come, oltre agli operai, gente così erudita e studiosa si metta ad ascoltare un profeta. Mi pongo sui gradini di fronte, per vederlo bene, e ascolto: "Dio, cari miei, non parla come pensate voi. Non sono pochi i credenti che cercano a tutti i costi di sperimentare una grande manifestazione spirituale. Siamo totalmente assorbiti dal mondo materiale che non ci accorgiamo più dei nostri fratelli bisognosi che giacciono a terra, come uomini sanguinanti, e noi presi dalle nostre vicende intime e personali, passiamo oltre. Dovremmo accorgerci del nostro prossimo in difficoltà, invece chiudiamo gli occhi. Cosa ci riempie così tanto la testa dal non notare queste povere persone? A me piace pensare che siamo troppo concentrati su quando o quanto pregare o corriamo in chiesa per svolgere i nostri riti abitudinari e tante volte, chi ci sostituisce in questo compito, sono uomini e donne d'ogni parte che magari non credono e a cui non interessano le vicende di Dio". Incespico sui gradini, non riesco a credere ai miei orecchi, le mani, tenute in tasca, graffiano le gambe, sono interessato, troppo, mi ha colpito. La gente intorno a lui si dilegua, chi si dirige al suo ufficio, chi alla sua azienda, chi alla sua casa. Ma è possibile che sia finito tutto? Il profeta si alza, sembra venire verso di me, mi guardo intorno, faccio finta di niente, sì, sta proprio prendendo la mia direzione e sembra molto convinto. "Scendi da questi gradini, perché devo parlare con te" mi dice, "Oggi Dio vuole entrare in casa tua", quale casa? Che sta dicendo? Non ho tempo, sono indeciso, tra poco ho il treno, mi prende per mano, non riesco a resistergli, deve essere questa la potenza di un profeta, appena toccato la mia mano ci smaterializziamo, vengo trasportato da un luogo all'altro, sono in cima a una montagna. Non mi viene nient'altro in mente che rollare una canna e fumarmela, oltretutto sono in cima a un monte con un panorama pazzesco. "Non hai domande?" mi dice, "Sei un profeta", "Cosa devo pensare, è il tuo mestiere". E così restiamo in silenzio, Elia guardava l'orizzonte, sospirò e iniziò così: "Siamo volubili come esseri umani. Un po' vogliamo stare di lì, un po' vogliamo stare là, un po' vogliamo comprare quello, un po' vogliamo comprare quell'altro. E così via. Siamo circondati da un mondo in cui oggi va bene qualcosa, ma domani non più. Se ci fai caso siamo dei gran spendaccioni, ma quello che compriamo, domani già vale di meno. In base a ciò che osserviamo negli altri così decidiamo di essere anche noi. Come porre fine a tutto questo? Imparare a fare la volontà di Dio. Questa è la base per iniziare ad essere felici. C'è un malinteso che accomuna molte persone, la maggior parte pensa che Dio abbia bisogno dei servigi umani, eppure guarda Simone, Dio ha tutto, le bestie della foresta, animali a migliaia sui monti, conosce tutti gli uccelli del cielo e le stelle le chiama per nome, se avesse bisogno di qualcosa pensi venga da te?" si voltò "Che stai facendo?" "Sto preparandomi una canna" dico leccando la cartina. Mi guarda insospettito e mi aggiorna "Dio non sta in tua compagnia mentre fai queste cose" e si allontana. Io mi godo il paesaggio, ma ad un tratto mi balenano alla mente le sue parole di prima. Come Dio non sta in mia compagnia? Anzi dovrebbe venire verso di me accompagnato da cherubini a dirmi le sue parole come fa con lui. Ho finito il mio break. Lo cerco, si era intrufolato in dei cespugli. “Ascolta, ti devo parlare” non finisco nemmeno la frase che noto due uomini di una bellezza sovrannaturale parlare con Elia. Mi siedo, in silenzio, solo per poco, perché in ben che non si dica rido sul fatto che sono buffi, uno ricciolo e l’altro magro e calvo, ogni parola che dicono è per me un idillio e così mi volto verso Elia e la sua faccia riverenziale mi fa ulteriormente scoppiare in una gran risata, ma lui mi dice “Ascolta!”, provo a rimanere serio, con grande sforzo, così discorrono i due uomini: ”L’unico vero interesse, la più alta virtù, l’unica vera felicità, adesso e nell’eternità, è presentare noi stessi come dei vasi nei quali Dio può modellare e manifestare la sua potenza e beatitudine. L’orgoglio o la perdita di umiltà è la radice di ogni peccato e male. Essa c’era quando gli angeli caduti iniziarono a guardare a sé stessi con auto compiacimento guidandoli alla disobbedienza. Essa era anche quando il serpente, nel giardino dell’Eden, emise il veleno dell’orgoglio, il desiderio di essere come Dio, nel cuore dei primi uomini che li ha portati alla miseria nel quale affondiamo ancora oggi. Senza l’umiltà non è possibile abitare veramente alla presenza di Dio o sperimentare il suo favore e la potenza del suo Spirito. Senza di essa non è possibile avere fede, amore o gioia.

È la gloria della creatura, è la condizione nella quale riconosciamo Dio come il tutto e gli permettiamo di essere tutto. Quando la creatura realizza che è vera nobiltà e consente con la sua volontà, la sua mente, i suoi sentimenti di essere la forma, il vaso nel quale la vita e la gloria di Dio si manifestano, comprende la sua posizione da creatura e lascia a Dio occupare il suo. Nella vita di uno che professa santità e rettitudine, l'umiltà dovrebbe esserne il marchio principale. Tutta la miseria che nel mondo ha la sua scena, tutte le guerre e spargimenti di sangue, tutto l'egoismo e sofferenza che ne consegue, tutte le ambizioni e la gelosia, tutti i cuori spezzati e amareggiati, con tutta la loro giornaliera infelicità, hanno origine dall' orgoglio. A causa di esso necessitiamo di una redenzione per riportare alle orecchie gioiosi annunci, per riportare i cuori feriti in uno stato di benessere, per portare consolazione, gioia e amore agli afflitti. Noi stessi possiamo essere la causa dell'orgoglio", mi alzo, vacillo, tempo di voltarmi e i due uomini non ci sono più "Avete finito con tutti sti effetti speciali oggi? Dove sono?" Elia si alza "Dai andiamo, queste cose le capirai più tardi". Arriva la sera, con Elia ci diamo appuntamento il weekend successivo, sono sul letto e ripenso a ciò che ho vissuto durante la giornata. È incredibile anche quando smaterializzato non ho battuto ciglio, ci penso e ripenso, ora mi accorgo della gravità della situazione, “Sono stato smaterializzato” ripeto, “Poi altri due sono scomparsi davanti ai miei occhi” mi chiedo se sono troppo sballato per capire cosa sta succedendo, mi propongo di chiederlo ad Elia, il profeta, anzi, mi decido di prendere una settimana di ferie, meglio, così se ha qualcosa da dire, in una settimana voglio sentire tutto, scrivo al mio capo, non ci sono problemi, ora dormiamo.

"Elia, Elia, cavaliere e i suoi cavalli" mi sveglio con queste parole, "Devo smettere di fumare, altrimenti rischio la pazzia". Bevo il mio caffè, saluto la famiglia e mi accingo a riprendere il treno per raggiungere il profeta. Mentre sono sul treno mi si avvicina una ragazza, giovane e di bell'aspetto. Magari è interessata, potrei iniziare una relazione, penso. Ha una maglietta nera, aspetta, c'è scritto "chiamatemi pazza, sì, pazza per Gesù", oddio, ci risiamo, l'ennesima seguace. "Ciao" proferì la ragazzina, "posso sedermi?", "Sì" rispondo, "Siediti pure". Iniziò "Su questa terra viviamo ottant'anni, novanta al massimo e se non ti converti andrai all'inferno, permettimi di salvarti la vita", "per cosa andrò all'inferno?" rispondo "per aver bevuto una birra al sabato sera?" riprende "Senza Gesù siamo perduti, il diavolo ti punirà" mi trattengo, ancora un po', mentre lei continua, "Siamo tenebre senza Dio, e senza di lui non possiamo di certo goderci la vita". Sono al limite, come si permette questa di giudicare la mia vita senza conoscermi? Alla fine cedo all'ira: "Vattene via, non sei nessuno per venirmi a giudicare, io non faccio del male a nessuno nella mia vita", mi lascia un volantino che mi incitava a partecipare ad un convegno. Rimango sbalordito, "Ancora devo sentirmi raccontare queste favole?" esclamo; togli a queste persone la paura dell'inferno e gli avrai tolto la fede. Mentre mi rigiro nel mio fastidio, mi viene alla mente un sogno di stanotte. Sono in paradiso, in coda, aspettando il mio turno per arrivare al cospetto di Dio. Arrivato il mio momento, con audacia mi accingo a parlare con Dio e dico a gran voce "io ho fiducia nella misericordia di Dio", l'angelo mi dice davanti a tutta l'assemblea "Vieni!", oltrepassato il confine mi volto per constatare le reazioni dell'angelo con le altre persone, e vedo una coppia, non so la causa della loro morte, ma sono titubanti, "abbiamo commesso troppi peccati" dicono, e l'angelo si infastidisce e proclamò con voce tuonante "E voi non avete fiducia come l'ha avuta vostro fratello?" e da qui capii come davanti a Dio siamo noi che ci condanniamo. Imparassero questi predicatori da strapazzo.

“Oggi andremo da una vedova. Ella giace senza mangiare e nel suo cuore è cessata la speranza” mi dice Elia appena lo incontro. “Va-va bene” mi rispondo un po’ malamente. Ci incamminiamo a lungo per le strade di Milano fino ad arrivare ad un vicolo buio e stretto. “Chi ti ha detto che abita qui?” domando, “Nessuno, il Signore mi manda”. Bussiamo, ad aprirci è una donna avanzata di età, vedova, scavata sulle guance e molto magra, con a fianco un figlio sporco e malandato. Elia non si presenta, quasi maleducatamente, non proferisce altra parola se non “Prepara due pani per me e il mio amico”, la vedova sorride, anch’io sorrido, d’altronde mi aveva chiamato amico. “Non abbiamo niente se non un po’ di farina e una giara di olio per preparare l’ultimo pasto per me e per mio figlio, poi moriremo” accentua la vedova con disperazione ed Elia, quasi insensibile, le risponde “Su, coraggio, prepari per me e il mio amico quello che le rimane, io le dico che la sua farina non si esaurirà né l’olio diminuirà fino al giorno in cui il Signore le farà trovare lavoro”, la donna quasi senza chance accetta la richiesta. Mangiamo e beviamo per quanto basta e lasciamo la casa. Ora mi chiedo come Elia potesse essere così insensibile da rubare l’ultimo pasto della vedova, quale profeta farebbe una cosa del genere? A distanza di giorni torniamo dalla vedova, apro la porta e l’impatto fu completamente diverso, la vedova torna a colorirsi, suo figlio sorride e tutti e due sembrano una famiglia felice. Elia si volta verso di me, mi fissa e dice "Molte persone, all'avvicinarsi di un problema, chiudono le tasche e il cuore, smettono di donare e di ringraziare Dio. Questa vedova ha deciso di donarci tutto quanto aveva e il Signore l'ha benedetta il doppio per quello che ha dato, quasi all'infinito. Date e vi sarà dato: una misura buona, pigiata, colma e traboccante vi sarà versata nel grembo, insegna Gesù. Se nella vita vuoi raccogliere devi seminare. Se vuoi avere un buon rapporto con Dio e essere ispirato, devi seminare una buona dose di preghiera giornaliera. Se vuoi più amici, devi seminare amicizia. Se vuoi amore, devi seminare amore. Non pensare di raccogliere senza seminare, nulla ti è dovuto. E se poi sei avveduto come questa donna, non guardi alle circostanze, semini, speranzoso, affidato alle mani del Signore. Chi bada al vento non semina mai e chi osserva le nuvole non miete". Inizio, in poche parole, a ribollire per il fatto che continua a insegnarmi e a fare il maestro, così lo provoco: "Sai proprio tutto allora? Permetti che oggi sia io ad insegnarti qualcosa!" sorride e ci incamminiamo verso il centro. "Così, caro Elia, tu pretendi di convertire tutte le persone?" Elia: "Io non pretendo, io consiglio e insegno", ricomincio: "Va bene, allora hai la presunzione di parlare e mai di ascoltare?" ed Elia: "Se parli, ti ascolto!" mentre ride sotto i baffi. “Bene, andiamo a comprare qualche vestito” propongo. “Caro Elia, ho visto che ti vesti bene. Ma lascia che ti suggerisca che non c’è niente di più importante per un colloquio interessante con dei proseliti che l’impatto e il rispetto. Molti di voi si destreggiano in giudizi, dispute sulla fede e siete senza misericordia come invece richiede il vostro credo. Elia sorride, quasi come a sentire un vago senso di amicizia nei miei confronti. “Ora capisco, Simone. Tu sei rimasto offeso per il fatto che dalla mia parte ci fosse solo insegnamento e non condivisione. Su, andiamo a berci qualcosa” io rispondo: “Scusa non ho capito?” e lui: “Andiamo a berci qualcosa!” e ancora: “Tu bevi qualcosa?”, “Sì che problema c’è!” e ancora: “Un profeta di Dio che beve alcool?” e mi zittisce: “Non sei tu ad aver detto che per comunicare dobbiamo smetterla di avere un atteggiamento religioso? Andiamo o no?” e ci dirigiamo verso un bar più vicino. “Sai, qui ti vogli vedere Elia, qui non si parla di Dio, né si insegna qualcosa. Non è il tuo habitat”, Elia sorride nuovamente. All’improvviso vedo sbucare dei vecchi amici di Milano, i quali erano dei rozzi e sconsiderati cavalieri dei bar, che probabilmente avevano già fatto un bel giro di ricognizione in altri pub. “Ehi, Oh” li chiamo fischiando. Si girano e vedendomi: “Oh ragazzi c’è simo, simo il degno” mi chiamano così perché molte serate sono riuscito a stargli dietro. “Allora ragazzi, come va?" "Bene, bene Simo, sono contento di vederti" dice Manuel. "Dai sedetevi, beviamo qualcosa", prendo gli ordini mentre faccio le presentazioni e mi dirigo a ordinare. Sicuramente Elia rimarrà zitto per tutto il tempo, guardandoli come dei gran peccatori, magari avrà anche paura di loro, che lo possano picchiare. Mi accingo a prendere gli ordini in fretta e esco per andare a fare compagnia a Elia. Vedo una scena insolita, Elia canta una canzone nostra, giovanile e ha creato un coro assordante con tutti i ragazzi. Non ci posso credere, un profeta dedito alle cose di Dio che stringe amicizia in modo rispettoso con dei ragazzi qualunque e per lo più lontani da qualsiasi cosa possa riguardare Dio o la chiesa. "Chi è questo tuo nuovo amico?" "È Elia ragazzi ve l'ho già presentato" e loro "Sì, sì lo sappiamo. Ma da dove viene?" Elia risponde: "Da un posto molto lontano". E tra una chiacchera e l'altra finiamo i nostri cocktail e tutti vogliono il numero di Elia, il quale, nell'imbarazzo di non avere un telefono, dice di averlo dimenticato e di non ricordare il numero a memoria. Ci salutiamo e noi, un po' assolati da questo cocktail, ci dirigiamo alla stazione. "Elia, non hai un telefono?" "No" risponde. "Compralo mi raccomando, faccio più alla svelta a trovarti". È finita la giornata, piena di risposte su alcuni miei pensieri. Non sono tutti degli stacanovisti i religiosi, ci sono persone brave e capaci di adattarsi. Se Elia si fosse messo a insegnare qualcosa dopo quella scena sono sicuro che l'avrebbero ascoltato molto volentieri. Il segreto è il rispetto e acquistare fiducia. Elia sa come godersi la vita!

Ormai i giorni sono scanditi dagli incontri con Elia. Gli danno significato ed io aspetto solo quello. All'improvviso un messaggio, numero sconosciuto, dice: "Oggi non mi cercare, prenditi un giorno libero. Elia". Sorrido sbalordito, un po' per il fatto che abbia il mio numero e dall'altro che abbia comprato un telefono. "Elia, aspettami sto arrivando" gli scrivo, e così salgo in macchina in direzione stazione. Arrivato a Milano, la percorro per ore e ore, senza neanche una pausa birra, scrivendo e riscrivendo messaggi, in cerca di Elia, ma nulla di fatto... non c'è. Mi arrovello, provo ad andare dalla vedova, non c'è. Provo ad andare al bar di ieri, non c'è. Provo ad andare al negozio di vestiti, non c'è; addirittura provo a sentire i ragazzi del pub, ma niente, Elia non c'è. Come unica soluzione, provo a ripetere un gesto che non ripeto da tanto tempo: "Dio, se ci sei, aiutami a trovare Elia". Sì, ormai gli voglio bene, sono preoccupato per quel messaggio e sicuramente non se la passa bene. Passarono altri minuti ed io seduto ad un bar a cercare di capire cosa fare. All'improvviso si avvicina una donna, di una bellezza straordinaria, ma non aveva trucchi o vestiti attillati, non penso di aver mai visto una bellezza tale. “Stai cercando Elia, non è vero?” mi piange il cuore “Si, signorina, sa dov’è?” mi rispose: “è in provincia di Brescia, sul monte Guglielmo” e si dilegua. Oddio quanta strada, e se veramente volesse stare da solo? Come faccio ad arrivare fino a lì? E se incontrassi traffico? Cerco scuse. “Veramente mi importa di lui?” mi chiedo, “che si arrangi” penso, lo aspetterò qui. Alla fine, senza avere altri impegni importanti, torno a Pizzighettone per prendere la macchina e raggiungerlo.

Vedo Elia su un monte, alto, in lontananza, mi chiedo come mai non abbia più risposto ai miei messaggi. Cerco di raggiungerlo ma una nube mi avvolge e cado con la faccia a terra, è inspiegabile. Davanti a me appare un uomo, bello e una donna con la faccia pari ad un angelo, se davvero ne esistesse uno ne vedrei di certo gli stessi lineamenti. Mi dicono "Fermati qua, perché non è ancora il tuo momento", "No" rispondo "Devo raggiungerlo, qualcosa mi dice che non sta per niente bene". Scosto i due e passai in mezzo, è una bella giornata di sole, ma più salivo e più l'aria si faceva tetra e scura. All'improvviso mi balenano in mente le più buie esperienze della mia vita e noto che dentro di me, sale un innaturale astio verso Dio; "Perché non c'era in quei momenti?". Allo stesso tempo la mia mente viene riempita di pensieri negativi riguardanti la mia vita, come non c'è via d'uscita, senza mai riuscire a realizzare niente, tutti sono cattivi e non meritano fiducia. Non riesco a capacitarmene e la mia anima entra in angosce sempre più profonde e cupe. Finalmente raggiungo Elia, unica speranza di portarmi un po' di sollievo in questa situazione difficile. Non faccio in tempo a chiamarlo che subito vicino a lui vedo un altro uomo, questa volta scuro in volto e cattivo che conversa con lui, mi avvicino il più possibile per udirne i discorsi, così discorrono:

“Se veramente sei un profeta allora perché ti senti solo e per di più senza una ragazza?”

Elia lo guarda in volto, prese in mano un libro, se non ricordo male vi era scritto a grandi tratti ‘qui giace la volontà di Dio’, emette un urlo “Ecco, io vengo, poiché di me sta scritto nel rotolo del libro per fare, o Dio, la tua volontà”, l’uomo si allontana.

Elia rimane in silenzio, forse in preghiera, ma non sta affatto bene, voglio aiutarlo, mi ci sono affezionato d’altronde.

Non faccio in tempo a chiamarlo che ecco sbucare una donna, di età media, lunghi capelli biondi e di aspetto veramente sensuale, gli disse “Non hai nessuno che è simile a te, nessuno crede in Dio come credi tu, comanda che io venga a stare con te e sarò tua, non dovrai più sentirti solo”

Elia si volta nuovamente, apre il libro, la guarda, e dice “ Io scenderò e parlerò in quel luogo con te; prenderò lo spirito che è su di te per metterlo su di loro, perché portino con te il carico del popolo e tu non lo porti più da solo”, la donna si infastidisce, digrigna i denti e se ne va. “Elia” dico, “come stai?” ad un certo punto, però appare un uomo in lunga veste, capelli lunghi ed una folta barba, che sembra metterlo alla prova nuovamente: “Inchinati a me e ti farò discepoli su tutta la terra che lambiranno ognuno la veste del tuo abito" Elia questa volta si alza, lo fissa dritto negli occhi ed esclama a gran voce "Non avrai altro Dio all'infuori di me e a me solo presterai culto!", l'uomo emette un forte grido e scompare, degli uomini vengono a servire Elia e gli danno da mangiare.

"Simone, vieni", non voglio andare, penso di fuggire e di non frequentarlo più, mi sono spaventato, dagli aperitivi, alle risate, alle avventure, diventa tutto vacuo, non immaginavo che un profeta fosse destinato a una battaglia così. Mangia, si riprende e torna a essere il vecchio predicatore che conosco: "Simone, vieni, non avere paura". "Elia, chi erano quelle persone?", "Il tentatore" risponde "ma non averne paura, oggi ho una lezione importante da insegnarti: molte persone ritengono che la vita sia una favola, in pochi mettono in conto la lotta spirituale, ancora meno pensano che la battaglia sia contro il diavolo e non le persone. Vedi, quando stai per ottenere un buon risultato nella tua vita e come per ogni situazione vieni bersagliato con parole poco piacevoli, molti se la prendono con il diretto interessato, senza capire che è il diavolo a volerli scoraggiare e che una parola pungente può solo generare ulteriore odio. Vedi, non in pochi pensano che il diavolo sia un essere con le corna che l'unica cosa che fa è tentarti a uscire con le ragazze, divertirti e non andare in chiesa. In realtà la sua azione è molto più sottile, agisce nella vita di tutti i giorni per cercare di portarti via la gioia, la pace e la serenità con gli altri, con degli ospiti indesiderati nella tua mente. L'unico modo per combattere questi pensieri è sostituirli con i pensieri di Dio" mi avvicina il suo libro "Questo libro è una spada, che se pronunciata fa indietreggiare qualsiasi forza malvagia" rispondo "Cos'è?" "La Bibbia" mi avvisa "È bene conoscerla in profondo, chiedere a Dio la capacità di capirla veramente e soprattutto è bene che tu faccia un quaderno dove scrivere vari versetti che contrastano il tuo scoraggiamento, la tua stanchezza, la tua poca speranza, la solitudine, l'odio, il rancore. Ognuno ha i suoi pensieri e qui dentro c'è ogni contro-risposta da gettare al diavolo. Alza lo scudo!" mi dice "lo scudo della fede e non permettere che ti rubi della tua serenità un giorno di più. Vieni dai, torniamo a casa". Non posso credere parli del diavolo, ero sicuro sarebbe arrivato questo momento, ma ero già pronto a sbeffeggiarlo, se non per il fatto che avesse cambiato la mia idea di diavolo. Rimango in silenzio, lungo tutto il tragitto, a pensare e ripensare ciò a cui avevo assistito. "Dunque tu sei cristiano?" interrompo il silenzio, "Sì, Simone, esattamente".

"Elia, Elia, cavaliere e i suoi cavalli", mi sveglio ancora al suono di queste parole. Davanti a me una nuova giornata, oggi è giovedì, potrei uscire, partire per il mare, d'altronde sono in ferie e invece mi viene in mente solo di scrivere a Elia. Cerco il suo numero, però sono indeciso, sento che dentro di me sta cambiando qualcosa e non so se voglio continuare a permetterlo, sto bene nel mio lamento, nella mia insicurezza, nella mia routine perché dopotutto ci sono abituato. "Elia, sono Simone, ci sei oggi?". È online, *sta scrivendo...*, "Ciao Simone, dove vado oggi tu non mi puoi seguire". Spalanco gli occhi, sono quasi sollevato di non poterlo vedere, mi chiedo se per lui non sono più adatto, forse non mi vuole insegnare più niente. C'è da ricordare però che non mi ha mai fatto sentire giudicato, neanche per le canne, per questo gli scrivo: "Per la vita tua e del tuo Dio, io ti seguirò dovunque andrai". Dopo svariati messaggi decisi di raggiungerlo. Lo trovo al nostro primo bar e appena gli tocco la mano ci smaterializziamo, come la prima volta, ma adesso non siamo più su una montagna, è una vecchia cittadina, con i suoi cittadini vestiti di abiti lunghi, antichi e sporchi, bevono e si lavano da vasi di ceramica colmi d'acqua. "Dove siamo Elia?" mi rispose: "Questa è la mia era, i tempi in cui sono vissuto" "Molto divertente, adesso sei anche simpatico" mi rivolsi a un signore li presente "Scusi, dove siamo?", mi fissa e scuote la testa rimanendo ammutolito. Guardo i miei abiti e mi accorgo che sono totalmente diversi dagli altri: canotta, bermuda e infradito; forse è per questo che mi ha guardato male il signore. "Elia, mi sto innervosendo, dove siamo?", "Te l'ho già detto, siamo a Gerusalemme, nel 599 a.C." e portandomi in giro mi rendo conto che le usanze, gli attrezzi per coltivare, i modi, le abitudini sono diverse. Mi porta all'interno di una casa, le camere sono piccole con minuscole finestre, vi è anche un cane con un odore sgradevole, tutto l'interno dell'abitazione è sobrio e scarno, con pochi mobili, e nessun tavolo con sedie. "Benvenuto, questa è la mia casa" "Scusami Elia, ma sicuramente era meglio quella che avresti potuto avere da noi", mi sorride. Vidi un ragazzo, di primo impatto molto rassicurante e deciso, Elia ci presenta "Costui è Eliseo" risposi "Costui?", Elia si imbroncia. "Piacere Eliseo, sono Simone" Eliseo ricambia. "Elia!" urlo "Come mai costui è così, d'impatto, decisivo?", "Gli è successo un incontro" risponde. Sogghigno. Si presenta con dei piatti: acqua, un po' di carne e del pane. "Grazie mille, stavo per sentirmi male" Elia è immobile, io pure, lo fisso con aria indispettita "Mancano le posate" Elia sorride apertamente "Non esistono le posate da noi, mangia con le prima tre dita della mano, sii educato". Ormai sono agli sgoccioli, ho provato a sorvolare sulla questione, a fare il vago, a disinteressarmi, ma ormai mi sento protagonista di una storia più grande di me e di cui non ne capisco il gioco: “Elia, perché io?” “Vuoi iniziare?”

"Rimani qui Simone, perché oggi andrò a Galgala" mi infurio: "Ti ho già risposto, io ti seguirò". Arriviamo alla città, mi aspetto un'entrata ampia con delle grandi cancellate eppure l'entrata è minuscola attraverso cui devo passare quasi in ginocchio; sopra vi è scritto "Come iniziare". Io ero imbottito di sacche e cibo alle quali devo rinunciare per passare, rimango solo con una tunica di stracci: "Sono leggero Elia, ma ho dovuto rinunciare a tutte le nostre provviste" Elia è elettrizzato da questa affermazione. "È così che si inizia il cammino, qualsiasi cammino. L'inizio di qualcosa non è mai semplice. Ci sono molte domande tra cui: Cosa perdo? Cosa guadagno? C'è chi è più propenso all'avventura, chi allo stato di "confort", quel modo di vivere in cui non cambia niente, ma nel quale continuiamo a lamentarci di non avere quello che vogliamo. Davanti a tutto questo si innesta la paura, che ci porta a ragionare ossessivamente per posizionare quello che leggiamo, sentiamo e vediamo in scomparti ben definiti. La mente razionale vuole infilare ogni cosa in un contenitore, facendo in modo che tutto sia sempre sotto controllo e che niente succeda a nostra insaputa. Qual è il peso che devi deporre per aprirti ad una nuova avventura? Sarà la paura di una cosa nuova? Bene abbandonala! L'insicurezza di non avere niente sotto controllo? Abbandonala!". Sostiamo un po' in quella città per poi ripartire alla volta di Betel. “Rimani qui perché il Signore oggi mi manda a Betel” ora capisco, Elia mi sta mettendo alla prova per vedere fino a che punto voglio spingermi, “Per la vita tua e del tuo Dio, io ti seguirò”. Davanti a me una prateria vasta e ampia, con molte tende ma soprattutto svariati abitanti in festa.

“Chi sono?” Elia risponde: “Sono persone toccate da spirito”,

“Chi è spirito?”,

“Il carattere di Dio”,

“Quindi Dio è gioia?”

“No, Dio è amore e queste persone sentendosi amate esultano di gioia”, “Prova ad avvicinarti!”

Una nube cristallina ricopre la città, vi è il frastuono di una grande, grandissima festa, appena mi avvicino un pezzo della nube mi avvolge ed io come in un sogno mi sveglio, ero già sveglio, ma è come stessi dormendo, un sonno spirituale e mi metto a ballare, cantare e suonare. “Cos’è questa gioia?” esclamo, Elia di fianco a me che si diverte risponde “Gusta come è buono Dio con i suoi figli” “Voglio continuare a vivere con spirito! Elia! Voglio continuare a vivere con spirito!” “Vieni Simone allontaniamoci”, ci incamminiamo sopra un monte, per avere un po’ di tranquillità. “No, no aspetta questa era la mia festa, non mi sono mai sentito così coinvolto!" e mi trascina su per il monte. "Vedi, Simone, quella era solo un'emozione, un sentimento, un momento di gioia. Seguire Spirito è molto di più!" mi metto le mani tra la nuca, mi aggroviglio i capelli continuamente "Si, ma io stavo bene!" risposi "Fammi vivere in quella favola", lui riprende "È proprio lì l'inganno Simone. Molti cristiani sono rimasti intrappolati in questa favola, che è il momento in cui incontrano Dio e tutto è favoloso e ci rimangono incastrati. Quando rinasci spiritualmente è come se un bambino appena nato è messo nelle mani di Dio ma, successivamente, il neonato cresce e deve iniziare a camminare con le sue gambe. Per questo ti dico non associare lo Spirito Santo a un'emozione continua. È tutto molto più concreto" riprendo anche io "Ma tu stai parlando dello stesso Spirito Santo che ci insegnano a catechismo?" anche lui, quasi stanco di parlare, mi disse "Sì, è lo stesso..." così riprendo "Ma io non ho mai provato quello che ho provato oggi" così lui mi chiarisce con enfasi che lo Spirito Santo oggi è dimenticato, non è più vissuto dall'interno. Diventati tutti molto statici, ripetitivi, religiosi vivono con l'ansia da prestazione. Lo Spirito Santo dona movimento, porta colore, è come un vento! "Wow!" rispondo "Io lo voglio" ed Elia mi dice "Lui già vive dentro di te, è quella voce interiore che ti sembra consigliare qualcosa quando la situazione non è delle migliori, ma vedi è un gran galantuomo, non forza mai la porta. Ma a quelli che lo invocano spesso e gli parlano con confidenza più volte al giorno, stringendo quasi un'amicizia con lui, non ti dico la vita come si impennerà verso il meglio!" "Ah" continuo "Quindi è così che devo iniziare? Pregandolo, confidandomi, stringendo amicizia con una cosa che non vedo? Che stai dicendo Elia?" "Dai Simone andiamo, ora è il momento di andare a Gerico"

Ci stiamo incamminando e sono davvero stanco "Ma facevate tutto a piedi da queste parti?" dico strisciando i piedi e volgendo lo sguardo verso il basso, "Sì, Simone, dimostra quando desideri veramente una cosa. Vedila così". Mi imbroncio con sguardo svogliato e poi dissi: "Senti, ti devo parlare!" Elia ha uno sguardo fiero, come se sapesse già ciò che sta per accadere "Ti ascolto". "Stavo riflettendo sul da farsi" "Cioè?" mi risponde Elia, "Ascolta è tutto molto bello, molto sentimentale, molto istruttivo. Ma vedi io feci una scelta tanto tempo fa di non immischiarmi più con una grande spiritualità. Non mi interessa diventare un fighetto di chiesa vestito bene, che mette i suoi risparmi nelle offerte e legge la Bibbia in chiesa. Non mi interessa diventare quel tipo di persona che soddisfa a pieno l'ego dei preti e dei religiosi. Io dico parolacce, fumo, anche se con le canne ho smesso da quando sono con te, bevo e frequento bar. Vedi è tutto molto bello vivere tra le mura di una chiesa, tutto si svolge per il meglio, le persone stanno meglio, sembra un escamotage, un luogo fittizio, un rifugio per persone senza niente. A nessuno piace stare tra le mura di una chiesa, moschea o sinagoga, è pieno di persone a cui piace sentirsi perfetti o di persone che sono talmente piene di sensi di colpa che non sanno più dove aggrapparsi. Raramente ho visto una persona veramente felice lì dentro. Ognuno ha i suoi nascondigli, chi è a guida di gruppi di preghiera e poi rifiuta una semplice uscita a mangiare una pizza. È pieno di gente che si aggrappa al loro senso di giustizia appena sentono che si dovrebbe dare la comunione ai divorziati o far sposare i gay in chiesa. Quelli non pensano alle persone Elia, pensano a come devono essere secondo loro, come dovrebbero vivere al loro gusto. A me non interessa diventare, in futuro, un padre sposato con una moglie che porta il figlio o la figlia dall'esorcista perché dichiara di essere omosessuale. E non voglio vergognarmi di parlare di sesso con la mia progenie, specialmente se dovesse capitare che mia figlia rimanga incinta e l'unica cosa che so fare e gridargli addosso per non farla abortire, quando in una situazione delicata come quella una figlia, una donna, una ragazza ha bisogno di essere ascoltata, consigliata, protetta perché è un momento di grande fragilità, nessuno abortisce con voglia Elia. Sono sicuro che capirai, forse mi ritengo un ribelle, andrò in chiesa, ma mi siederò come sempre agli ultimi posti, ascolterò la Bibbia, come mi hai consigliato, ma non sono fatto per l'ideale religioso che hai in mente. Mi sento un po' un ragazzo da giubbotto di pelle con un bicchiere di rum in mano, non so se capisci" "È così che mi vedi?" dice Elia quasi ferito "No, non voglio offendere te. Ma quelli come te, la maggior parte, sono tutti figli apposto con la vita, benestanti, con la vita appianata, senza tanti problemi. Il mondo là fuori è pieno di putridume, la gente si droga, si prostituisce perché non riesce a pagarsi gli studi. Bello avere un coro alle spalle e un prete che guida una preghiera in chiesa, ma dov'è Dio in mezzo a un incidente stradale? Dove scorre sangue sulle strade e si vive situazioni macabre? Dov'è Dio quando un bambino giace sanguinante in mezzo alla strada perché sballottato fuori dalla macchina per colpa di una mamma ubriaca al volante? Dov'è Dio quando i ragazzini spacciano perché è diventato di moda quando in realtà i loro genitori possono garantirgli un futuro migliore di quello che hanno in testa che sia cool? A me hanno ritirato la patente, ho fatto uso di cocaina, sono andato a prostitute anche se ho smesso. Quelle donne mi facevano compassione e gli chiedevo come mai facessero quel lavoro, nessuno mi ha mai risposto veramente. Però sai, non mi pento di essere stato vicino a quelle persone, è lì che il mondo ha bisogno, è lì che vorrei vedere Dio" Elia si accorge che è un discorso venuto dal cuore "Vedi Simone, ti accorgerai che molte persone di chiesa sono state scartate, forse umiliate da ragazzini, oppure non hanno avuto una vita socialmente attiva come la tua, ma sono le persone più sincere verso Dio, anche se, dicendogli quello che pensi, loro ti lasceranno andare e ti guarderanno con invidia, rammarico e senso di smarrimento quanto ti vedranno sporcarti le vesti come soccorritore, molti preferiscono stare seduti su una poltrona a piangere ed argomentare su come il mondo va a rotoli. La Bibbia dice: “Per causa vostra il mio nome è bestemmiato fra le nazioni”. Cristo è una potenza, una rivoluzione. Solo Gesù ha dato vero significato e importanza alla donna. Il clamore che senti oggi da parte delle donne non è nient’altro che l’eco del messaggio di Gesù che risuona sempre nel mondo anche se il diavolo ne fa crescere le teorie più inutili e disparate.

Sai molti vogliono lo Spirito Santo come un erogatore di consolazione, quando in realtà è proprio il contrario, come hai detto tu, bisogna andare verso gli uomini, e nel modo in cui racconta Lui non noi. Molti predicando usano parole come ‘grazia’, ‘pentimento’, ‘peccato’ quando in realtà dovrebbero parlare per farsi capire al meglio e non per nutrire il loro ego di sapienza. Altri invece vogliono solo discutere con un ateo come se stessero chiudendo un affare, un loro affare, per il loro senso di giustizia, perché devono a tutti i costi convertirlo, fargli credere nella Bibbia, e poi se l’altro si arrabbia, lui insiste e poi va a casa credendosi un apostolo come Pietro; si sentono soddisfatti sai? Ma non capiscono che una mela verde non si stacca facilmente dal ramo, rischi di strappare tutto il ramo e creare un danno più grosso di prima. Questa mela verde sono gli atei che cercano solamente uno sparring-partner con cui discutere, ma in realtà non sono pronti per conoscere Gesù, vogliono solo discutere. Per cui un cristiano veramente ispirato dallo Spirito Santo ne deduce che l'unico modo di rispondere è dirgli che non è d'accordo con lui ma che se vuole si può rimanere amici. Però ricordati, stare nel mondo non come uno del mondo. Se sei in confidenza con un ragazzo o una ragazza e questa si sta aprendo con te da molto tempo, e fuma le canne, non c'è niente di male a fargli compagnia per una sera. Le persone parlano con quelle che più o meno fanno le stesse cose. Nessuno vuole parlare con un cristiano, o uno psicologo, o un prete. I drogati parlano con i drogati, gli adolescenti con altri adolescenti, le ragazze con altre ragazze e i cristiani stanno in chiesa senza scopo, né capo, né fine. Spero che tu sia uno dei pochi che impara a lavorare con Spirito Santo come si deve, non immischiarti, come hai fatto, nel mondo e nella sua mentalità, sii te stesso, la gente ti apprezzerà di più" Elia piange "Il mondo oggi è fragile Simone. La gente sta a pezzi dentro, è vuota, molti si imbottiscono di psico-farmaci per andare avanti. Molti giovani ne fanno uso. Il diavolo sta rendendo belli i corpi ma sta sgretolando le anime. Non bisogna essere pessimisti" dice singhiozzando "Ma neanche con gli occhi chiusi".

Metto una mano sulla sua spalla “Elia, voglio andare a casa.” Mi mette due dita sugli occhi, cado in un sonno profondo e mi sveglio nel mio letto. Mi sento pieno, soddisfatto come non mai, era da tanto che non facevo un discorso del genere, e mi sentivo completo, come se non avessi più bisogno di risposte ma allo stesso tempo pieno di domande. Mi alzo, prego lo Spirito Santo, e inizio la giornata. Era venerdì, mancano ancora tre giorni e sarei tornato a lavoro. Devo sfruttare al meglio il tempo con Elia, penso di dirgli che era ora di smettere di avere un rapporto formale, speravo più in un’amicizia più concreta. Lo chiamo, ma salta la segreteria. Mi riaddormento, ci penserò dopo.

Elia cammina, solo, come un vagabondo, per le strade di Milano, ripercorre le strade fatte con me, ora il negozio di vestiti, ora la vedova; ora il bar, ora la piazza del primo incontro. Sorride, con un sorriso triste ma compiaciuto. Non mi chiama, però gli piace ricordare i momenti con me, come se non abbia mai avuto veri amici nella sua vita, come se ora non sia più il compito di Dio a muoverlo, ma un semplice senso e voglia di amicizia. Mentre cammina, con la faccia bassa tutti lo riconoscono "Ehi, ma tu sei Elia, il profeta!" Elia mostra rispetto: "Sì, sono io" e quest'ultima: "Credo di dovermi pentire ancora di più cosa mi consigli?" Elia, gli mette una mano sulla spalla, sorride rispettosamente e le consiglia: "È giusto che tu ti penta, ma è cosa migliore che tu conosca meglio l'amore di Dio". Torna a camminare, sbuffa guardando il cielo, come a chiedere aiuto, come a chiedere un po' di tregua, come a domandare una fine alla sua solitudine. Davanti a lui un sacco di persone, ma non ha voglia di insegnare, vuole solo stare solo, quasi rassegnato di non trovare nessuno che lo capisca e viva come vive lui, con la sua conoscenza, con la sua capacità di parlare di Dio, con nessuno che Lo conosca come lo conosca personalmente lui. Si ferma in un bar, quasi a ricordarsi una vita mondana, quasi ad allontanarsi da una vita di sacrifici e rinunce. Elia sta fermo, con un caffè sul tavolino, gingillando con la gamba avanti e indietro guardando il vuoto alla sua sinistra; sembra stia aspettando qualcuno. Una donna, sempre quella che ho incontrato io, è vestita con un pantalone poco attillato a zampa di elefante, delle All-Star ai piedi e una camicetta larga ma molto carina che ricopre il gracile corpo e un cerchietto ai capelli che le contrassegna il magnifico volto, snello, solare, saggio ma molto giovane: avrà sì e no 15 anni. Si incammina verso Elia, con passo svelto e con un viso raggiante, cammina come una donna sicura e trasparente. Si siede vicino a Elia, gli sorride, con un sorriso che sembra rappresentare un segreto nascosto e più grande, come se quella donna o ragazzina, ha a che fare con un progetto più grande che sta guidando a mani tese. "Sono solo", inizia Elia e c'è un intenso scambio di sguardi. Chi è quella ragazza? Una donnina che sembra far trasparire sicurezza e caparbietà, ma allo stesso tempo la purezza di chi guarda la sua serie preferita in tv? "Mi hai mandato per riportarti il tuo gioiello, Simone, che si è perso dietro al vuoto. Ora sono io a sentirmi vuoto. Perché non ti manifesti e fai conoscere quello che hai in mente? Siamo stanchi di lavorare in segreto" lei risponde: "Ora così Dio ha deciso. Così sono sempre stata" Elia, da umano che è risponde: "Ma non ti viene voglia di prenderti il merito, di far capire alle persone che sei tu che stai lavorando nel segreto del mondo?" lei scuote la testa sorridendo: “Ora così Dio ha deciso. Così sono sempre stata” e prosegue: “Ricordati di Simone, con lui tanti altri, che sono stati coinvolti nella tua storia. Loro porteranno avanti la tua missione, un po’ con te, un po’ senza di te, nelle piazze, nel segreto, con una semplice parola o un lungo consiglio, con un semplice abbraccio o una fugace parola. Nessuno li considererà mai predicatori, ma questi nel segreto faranno molto più alle radici del mondo. Ora goditi la tua nuova amicizia e sii felice, perché sei l’inizio di qualcosa di più grande” Si alza, lo abbraccia, lo bacia sulla fronte e se ne va. Elia si scuote la faccia con le mani, è come se fosse rinato un po’ alla volta, è tenero quasi ad essere un bambino appena coccolato da sua madre. Si ferma, beve il caffè ormai freddo, prende in mano il telefono e chatta: “Simone sono io, Elia, esci a fare un aperitivo?”

Passeggio nel centro di Milano, sono un ragazzino innocente, ancora non capisco l'importanza degli insegnamenti di Elia. Mi sembra di avere il rapporto che avevo con i miei prof di religione e con i catechisti, troppo innocente per capire. Penso di riuscire a capire tutto, ma il tempo non gira dalla mia parte, sono ancora un ragazzino che gioca a parlare come gli adulti, sai, come quando da adolescenti si vuole parlare di qualcosa la quale ancora non se ne conosce il peso. Sono sprovveduto, giro tra vetrine di negozi e penso a come sarebbe diventare tanto ricco da poter comprare tutto quello. I miei sogni sono ingenui, ma ancora non lo capisco. C'è da dire che in giovane età giocare a fare l'adulto è piacevole, perché ti fa sentire diverso, più importante, sempre pronto a insegnare qualcosa. Non sono ancora pronto ad ascoltare, perché volevo tanto insegnare. Ora capisco perché il nostro primo incontro si è svolto su una montagna con due ragazzi che parlavano di umiltà. Ah, che bella quella sensazione di onnipotenza che si prova quando arrivi a quell'età in cui le tue canzoni, i tuoi libri, le prime frasi sensate mai dette ti fanno reputare i tuoi genitori incapaci di aprire la mente: io voglio fumare perché mi apre nuovi orizzonti! Voglio fare un'avventura con zaino in spalla perché sarà entusiasmante! Mentre dall'altra c'è mio padre che mi continua a suggerire di mettere i soldi da parte. Sì, sarei diventato un avventuriero, che vive a giornata, con quello che capita, conoscendo gente sempre nuova e sessualmente appagata. Mentre cammino mi chiedo dove sia Elia; ah, ecco, un messaggio: “Simone sono io, Elia, esci a fare un aperitivo?”. Rido, per lo più sogghigno, credendo sia uno scherzo. Mi domando che intenzione abbia, forse una prova per testare la mia temperanza, se sono veramente sincero nel seguire Dio. Penso per un secondo e poi gli scrissi: “Non credo sia il caso, forse è meglio smettere con queste cose”. Tiro un sospiro, credendo di essermela svignata bene, ma ecco che manda una foto: lui sorridente con uno spritz in mano con la descrizione ‘proprio quello che piace a te’ e una smile che sorride. Cosa sta cercando di fare? Sembro un investigatore, cercando di scoprire cosa ci sia dietro, come se avessi a che fare con una ragazza che ti mette alla prova per vedere cosa rispondi. Gli scrivo: “Dove sei? Ti raggiungo!” e lui “Al bar vicino ai gradini dove ci siamo conosciuti”. Ah ecco quale è la sua intenzione! Ricordarmi che l’ho incontrato e che non posso più tornare indietro, sicuramente mi farà una predica sull’alcool ma almeno avrò assaporato l’ultimo. Mentre cammino vedo una splendida ragazza, che passa, si tocca i capelli e mi sorride, io come al solito vado oltre senza farci troppo caso, sono proprio una frana con le ragazze, vorrei incontrarle ad una ad una per chiedere scusa loro di essere così incapace, quante occasioni perse per non aver capito che gli interessavo, per il poco polso avuto in certe situazioni, per la timidezza e soprattutto per l'alcool; ah, ecco, ora capisco perché per Elia è arrivato il momento di farmi smettere con l'alcool… vuole organizzarmi un matrimonio! Ecco Elia, seduto con uno spritz, è una scena da incorniciare, un profeta di Dio che si gode uno spritz, ci manca solo un angelo che mi porti i menù dell'alcol. Sono un po' a disagio, ma mi siedo lo stesso. Lo saluto, con una stretta di mano, quasi sia un mio superiore e lui ricambia quasi scocciato per la formalità. Con l'alcool appena deglutito e una faccia che ne dimostra l'amaro, mi dice: "Ne vuoi uno?" scoppio a ridere: "Ma che c'è? La puoi finire con questa farsa dimmi cosa vuoi?" rimane sbigottito: "Capisco la prima volta in cui volevi farmi sentire a mio agio, ma non c'è bisogno che continui, ormai ti ascolto lo stesso" ed è in quel momento che per la prima volta lo vedo arrabbiato, quasi sconvolto, come se per l'ennesima volta fosse nuovamente solo: "Guarda che anche un profeta, come dici tu, come mi etichettano tutti, necessita di un po' di amicizia" finito lo spritz, paga per me e per lui e se ne va. Io rimango senza parole, non avrei mai pensato che uno come lui avesse bisogno di qualcosa, uno così, vicino a Dio, con la risposta sempre pronta ed una conoscenza così strabiliante a portata di mano… non me lo sarei mai aspettato. Arriva il barista, mi porge lo spritz e mi dice: “Simpatico il tuo amico” e se ne va. Voglio dirgli che non è un mio amico, che è solo un conoscente, che presto se ne sarebbe andato, eppure ha dimostrato una debolezza che forse lo rende più umano di quanto credo o di come lo abbia etichettato. Bevo la mia bevanda in silenzio, ripensando alla scena poi mi muovo in direzione della stazione, anzi no, torno ai negozi, dove lo portai a comprarsi qualche vestito e vedo un regalo, pronto per lui, come se lo stesse aspettando, lo compro e chatto con lui. Non risponde e allora lo chiamo, lo chiamai e lo richiamo fino a quando non risponde. “Che vuoi?” inizia la conversazione “Ascolta permettimi di darti un regalo, poi la finiamo con la nostra relazione” dico in tono sarcastico e finalmente lo sento ridere per la prima volta e mi consiglia: “Prega che sia un regalo buono o questa volta finiamo davanti al giudice” scoppio a ridere di gusto e poi aggiunge: “Sono alla stazione, ti volevo salutare, tra un po' me ne vado”. Allora mi dirigo in fretta alla stazione, per cercare di scusarmi di persona almeno. È seduto su una panchina, con un giubbotto di pelle, sembra un ragazzo di strada. Mi guarda con un fare minaccioso ma allo stesso tempo sarcastico mentre scuoteva le mani avanti e indietro come se stesse per iniziare una rissa: “Ehi che hai da guardare? Io sono Simone che indossa giubbotti di pelle e beve rum. Non me ne frega della chiesa, se ci vado sto sempre agli ultimi posti, hai capito bene?" mi fa cadere il regalo, dallo stupore corro ad abbracciarlo, lui si alza in piedi e ricambia. "Scusami Elia, ma mettiti nei miei panni, ti sei presentato la prima volta smaterializzandomi da un posto all'altro, per poi riportarmi nella tua epoca, poi mi sveglio nel mio letto come se tutto fosse stato un lungo sogno. Potevi andarci piano o no?" mi da una pacca sulla spalla e dice: "Ricordati sempre questo, tutti noi definiti santi e apostoli e che ora vivono in cielo, siamo stati umani e lo siamo ancora, perché Dio non rifiuta mai ciò che crea. Per questo non pregare mai i santi ma prega con loro" queste parole suonano come un addio e io non voglio. "Ehi ascolta un po', ritarda la partenza. Ti porto a fare un giro" annuisce e ci incamminiamo. Raccolgo il regalo dal terreno e glielo porgo tra le mani: "Cos'è? Un anello di fidanzamento?" allora di controbalzo colgo l'occasione: "Senti, non rompere i coglioni, aprilo e basta" dico spontaneamente, ma subito mi accorgo della parolaccia e metto una mano alla bocca incuriosito della sua reazione: nessun battito di ciglio, apre il regalo ed è un cappellino della Jordan, nero a visiera a becco. "Te lo ricordi?" dico "Te l'ho fatto provare prima di portarti al bar, ti sarebbe servito per fare bella figura, è un gesto per farti capire che apprezzo la tua compagnia. Ma ascolta come hai reagito alla mia parolaccia?" e lui, scuotendo le spalle ed una smorfia palesemente indifferente si mette il cappello e aggiunge: “Perché secondo te come avrei dovuto reagire?” allora argomentando: “No perché, vedi, in passato è stato questo il mio imbarazzo, sconfiggere i pregiudizi che i miei vecchi amici avevano su di me quando sono ritornato a uscire con loro. Vedi, ognuno sembrava sentirsi a disagio con la mia presenza. Quando fumavano una canna mi chiedevano continuamente se mi desse fastidio. Mi hanno accolto sì ma mi sentivo un po’ fuori luogo” lui, quasi indifferente: “Dove mi porti?” spero in qualche insegnamento o consiglio da parte sua, corrugo le sopracciglia quasi stupito, e gli dico: “Ehm... lo vedi quel bar lì? Siamo vicini, è un posto tranquillo” Entriamo, ci sediamo al banco e iniziamo a chiacchierare, quando scendo dallo sgabello, mi si palesa davanti un ragazzo della compagnia di Milano con cui avevo fatto parecchie serate, mi stringe la mano e con fare ironico mi dice: “Allora Simo? Andato a messa oggi?” e si allontana ridendo sotto i baffi. Digrigno i denti, non ho mai picchiato nessuno, ma credo sia arrivato il momento, non sopporto quella dissacralità che c’è in loro, quasi a farmi credere che sono più uomini di me. Corro fuori, lo prendo per la maglia e gli dico: “Allora? Che vuoi?” e lui con aria da innocente ma da sbruffone allo stesso tempo dice: “Che c’è? Non ho detto niente” lo mollo, chiamo

Elia, mentre lui ancora sorride e nel frattempo che ci allontaniamo rimprovera ad alta volte: “Sei solo un paranoico” e non è la prima volta che mi capita, non so se sono io veramente paranoico o la gente sa farti soffrire per poi farti sentire in colpa. “Ehi, Simo aspetta” dice Elia. Io lo spingo via con violenza: “Lasciami stare, scommetto che siete stati tu e il tuo Dio ad organizzare questa sceneggiata” e cammino, imbarazzato, sempre più velocemente, quando risuona l’eco della voce di Elia in lontananza: “Non dimenticare che hai fatto così anche con Dio, ti sei vergognato della sua amicizia!” il mio cuore palpita, stringo i pugni, non doveva succedere, non ora, con quell’imbarazzo, quella sconfitta interiore, come se avessi perso tutto. Sono faccia a faccia con la mia più grande paura e mi sta prendendo a pugni, sono lì e lì per andare K.O., quando ormai solo vedo un’unica alternativa, una chiesa aperta, vi è un’adorazione perpetua. Entro e una volta per tutte non sarei più scappato da chi tanto tempo fa mi aveva segnato il cuore con un marchio invisibile, quasi un tatuaggio nell’anima che non si sarebbe mai più cancellato: Dio. È come se una spada mi abbia trafitto l’anima, il mio orgoglio è a pezzi, “non doveva succedere” mi ripeto nella mente “non doveva succedere” e così seduto in quella chiesa prego tra me e me: “Perdonami Signore perché sono un peccatore” e subito mi viene in mente la parabola del figliol prodigo e mi sento un po' come lui, chissà se anche lui aveva degli amici per cui poi si è vergognato di stare in casa con il padre, credendo che la vita andasse vissuta e goduta come i suoi amici, in donne, droga e divertimento. Sono arrivato al capolinea, è come se Dio mi abbia braccato, impedendo ogni via d'uscita e con quella pressione di amore il mio cuore cede e scoppio in un gran pianto. Allora le persone lì presenti mi notano e alcune si avvicinano a me, consolandomi e accarezzandomi, mi sento di nuovo a casa.

La mattina dopo non mi atteggio da spirituale appena convertito, innalzando tutto il mio amore per Dio, ma prego semplicemente lo Spirito Santo di aiutarmi in questo nuovo cammino, non è cambiato niente anche se è cambiato tutto. È domenica, vado in chiesa con mio padre, e all'uscita incontro i miei amici, mentre l'imbarazzo che ormai sapevano tutto mi assale (come facevano a sapere tutto? Io ero a Milano) li saluto come se non li avessi mai conosciuti e loro con il dito della mano mi indicano il bar, "Datemi un minuto e arrivo" rispondo. Li raggiungo e loro quasi soddisfatti mi chiedono: "Allora ci sono novità?" "In che senso?" rispondo, "Ti abbiamo visto uscire dalla chiesa era da un po' che non ci andavi" forse è un po' troppo presto dire che Gesù è la mia vita, che è importante andare a messa e bisogna pregare, forse non l'avrei mai detto, neanche in futuro, non sono fatto per questo e allora commento: "Ho riscoperto un po' la mia fede". Tutto sembra stranamente normale, nessun rifiuto, nessuna seccatura neanche un minimo commento sulla nostra amicizia. Mentre io, ormai infervorato da questa mia nuova riappacificazione sono lì e lì per parlare di Gesù, quasi a dimostrare a Dio che sono veramente cambiato, che non mi sarei mai più perso in discorsi futili e superficiali, nel frattempo ricevo una chiamata da Elia, "Scusate ragazzi" mi scomodo, "Oh Simo, ho appena visto una ragazza stratosferica, mamma mia che gno…" lo interrompo: "We, we, che stai dicendo? Stai commettendo un adulterio a guardare una donna desiderandola!" Elia rimane in silenzio e poi aggiunge: "Dobbiamo vederci!". D'altronde era domenica, lunedì sarei dovuto tornare a lavorare, da persona nuova.

Raggiungo la solita Milano, non trovando Elia da nessuna parte, gli scrivo un messaggio, ma questa volta non mi aspetta in un bar, né su una scalinata, neanche in un negozio ma bensì in chiesa. Lo raggiungo in quella piccola e sperduta chiesa, in cui non c'è nessuno. Siamo solo io e lui, quasi a rasentare un ultimo incontro. Io sto entrando, lui si volta, mi fa cenno con la mano di andare verso di lui e così mi siedo a fianco, in silenzio, pregando. Dopo circa una mezz'oretta mi racconta: "La chiesa è un luogo dimenticato. Non dico non frequentato, ma dimenticato. Quando un giorno diventerai prete, prova ad osservare la faccia della gente. Ci saranno uomini d'affari dediti a pensare a come fare il prossimo guadagno, casalinghe distratte che pensano se ciò che hanno messo sui fornelli si sta cuocendo alla temperatura giusta, giovani che sono stanchi di alzarsi e sedersi in continuazione. La maggior parte la frequenta per scrollarsi un obbligo di dosso, quasi una tradizione di famiglia da rispettare. Poi ci sono gli anziani, alcuni dico, che vedendo sì vicini alla fine, cercano di comprare il Capo. Infine ci sono quelli in prima fila, che fingono, credo, di interessarsi alla Messa quasi fosse una finale di Champions League, vuoi mettere? Una finale di Champions League è molto meglio di una celebrazione" e si volta per aspettare la mia reazione: "A me piace andare a Messa. Almeno mi piaceva, spero di riuscire a farmela piacere ancora" e lui continua: "C'è una cosa che fa cambiare: il tempo. Il tempo ti segna, ti matura in positivo o in negativo, ma ormai sei cambiato, è inutile tornare indietro" inizio quasi a balbettare per il nervosismo: "Ad una persona deve piacere venire a Messa, qui si incontra Dio" Elia mi provoca: "Venire a Messa è noioso" "Perché?" rispondo "Non è mica il migliore incontro con Dio che puoi fare durante la settimana?" Elia sospira, come stesse cercando di capire se sia essenziale usufruire dell'ultima carta disponibile, poi continua: "Venire a Messa è noioso. La gente è noiosa. Ma quando inizi ad andare a Messa anche se per te è noiosa, allora ne hai capito veramente l'importanza. La maggior parte dei preti ripete sempre le stesse cose, alcuni ti fanno addormentare, le voci dei fedeli sono robotiche e distratte e non c'è bisogno di fingere di esaltarsi al canto dell'alleluia quando in realtà sembrano essere tutti stati colpiti da un calcio ai testicoli" finisce la sua filastrocca con una risata ed io mi arrabbio: "Se solo sapessi cosa succede nella Messa cambieresti idea" "Ah" si sofferma in posa da pensatore per qualche secondo "Cosa succede?" "Al canto del Sanctus..." Elia ride: "Sei diventato anche latino?" ed io: "Il latino è la lingua madre della Chiesa, le messe dovrebbero tornare ad essere recitate in latino e il prete dovrebbe celebrare ancora con le spalle rivolte ai fedeli" mi provoca: "Come siamo conservatori!" e continuo: "Al canto del Santo, se ti fa più piacere, gli angeli scendono dal cielo e si inginocchiano vicino all'altare. Al momento della celebrazione eucarisitica il prete diventa Gesù in persona che consacra il pane e il vino e sopra la particola appare Gesù crocifisso" Elia mi indica di osservare il tabernacolo: "Cosa vedi lì?" "Niente" rispondo "In ogni tabernacolo della terra, anche nella chiesa più sperduta, ci sono sempre due angeli accostati in segno di venerazione. Ma non mi sembri in fase contemplativa come stai raccontando tu, anzi stai pure parlando con me" mi insegna e mi chiede: "Adesso cosa farai?" rispondo un po' umiliato: "Ci penserò di più adesso che lo so" e lui: "Fino adesso cosa hai fatto invece?" sospiro: "Venivo in chiesa, mi sedevo e stavo in silenzio" ed Elia: "Senza contemplare?" "Senza contemplare" finisce il discorso. "Allora vedi che è tutto nella tua testa?" continua: "Ora che sai che ci sono due angeli accostati al tabernacolo e per di più ti aggiungo che il tuo angelo custode è prostrato a terra ogni volta che entri in chiesa, pensi che assumere pose strane o facce in estasi faccia piacere a Dio? Non tanto per il fatto che stai contemplando, ma per il fatto che stai assumendo un atteggiamento non naturale" cerco di aggiungere qualcosa ma non ci riesco e allora: "Per cui affermare che come esperienza umana il modo in cui viene celebrata, il rito, le usanze della Messa siano noiose non c'è nulla di male. Non bisogna fingere. Certo bisogna concentrarsi sul contenuto. Se capisci l'importanza della semplice ricchezza della Messa, anche se ci saranno due metri di neve non vedrai l'ora di andarci" quasi guidato da una forte ispirazione continua: "Ricordati che Dio per quanto sia Dio non ha mai richiesto supereroi spirituali. So che hai sempre frequentato ferventi cattolici il cui unico desiderio è diventare scrittori di qualche libro di massima spirituale o avere visioni da trascrivere su un diario, ma vedi, il vangelo ci racconta che Dio è uno che abbraccia il figlio disperso e se Dio ti abbraccia non c'è bisogno di prostrarsi piangendo e dichiarando la propria indegnità al suo cospetto; se Dio ti abbraccia, abbraccialo anche tu! Quando preghi davanti ad un crocifisso non c'è bisogno di sforzarti ad immaginare quanto sia stata dura per lui, con l'intenzione di arrivare a piangere al fine di avere un'ottima contemplazione. Prega come ti viene meglio in quel momento. La contemplazione non deve essere sforzata né ripetuta, è un dono di preghiera, per alcuni una vera vocazione, ma pur sempre un dono. Siamo figli di Dio e pur quanto cerchi di guadagnartelo con la vita impeccabile che hai in mente di tornare a fare non pensare che ti tratti in maniera diversa o migliore di qualcun altro" e conclude: "Hai qua la Bibbia?" rispondo: "No, ho solo il rosario" scuote la testa: “Un cristiano senza Bibbia è un cristiano perso” mi sono stufato di farmi umiliare così “Tieni” soggiunge: “Apri a Matteo capitolo 20 e leggi dal versetto 1 al versetto 16, ad alta voce!” e iniziai col prendere la Bibbia e aprirla un po’ qua e là, poi mi arrendo: “Dov’è Matteo?” con una faccia impassibile mi risponde: “Questa è Gerico, Simone e sei rimasto proprio indietro per vincere la tua battaglia” mi strappa la Bibbia dalle mani e con borbotti insulsi in sottofondo quasi a rassomigliare ad un anziano alle prese con qualche faccenda nel suo garage, mi rimprovera: “La prima arma per vincere la propria battaglia è la conoscenza. E non intendo una conoscenza superficiale e religiosa e anche approssimativa della Bibbia, ma una conoscenza vera di Dio. Se non sai chi è veramente Dio, non sai cosa è in grado di fare nei tuoi problemi. Conoscere Dio è fondamentale, la sua potenza soprattutto, se non la provi non la puoi consigliare, è come cercare di vendere un prodotto passandolo per buono senza mai averne provato gli effetti sulla propria persona. Quindi impara a leggere bene la Bibbia e a darne la giusta importanza. Ci sono preti che la conoscono a malapena, quando in realtà ogni prete dovrebbe avere in mente un versetto pronto per ogni problema di un fedele. E non intendo una lettura smemorata e neanche troppo contemplativa, non leggere dieci capitoli ma neanche due versetti cercando di capire il senso profondo della vita. Intendi?" faccio cenno con la testa: "La seconda arma è la fede. E mi dispiace per te ma la fede viene dall'ascolto della parola di Dio, non dai santi o da qualche libro mistico. Per cui vedi come le due cose sono legate" lo interrompo: "Perché tu non leggi i santi?" e lui con un'espressione divertita: "Non particolarmente. Ti è mai venuta voglia di leggere la storia di tuo fratello o di tuo sorella? Caso mai ci litighi, ci discuti, ti diverti, vi scambiate qualche segreto, ma difficilmente lo tratti in maniera contemplativa pensandolo inarrivabile. Certo lui ha una vita esemplare, ma ognuno ha il suo personale rapporto con Dio, sai che noia diventare come tuo fratello e ripeterne le esperienze" da qui deduco che da questa specie di lezione Elia vuole farmi arrivare un concetto ancora sconosciuto: "Terza arma è la speranza. Questa le devi proteggere, è ciò che genera tutte le altre armi. La speranza non è quella che ti hanno insegnato. La speranza come Dio comanda, è una speranza con una aspettativa sicura per il suo futuro e questa si genera quando inizi a leggere qualche promessa di Dio nella Scrittura per la tua situazione, non una speranza incerta dettata da un caos futuro. Questa speranza, si trasforma poi in fede, perché a furia di leggere quella promessa e ripetendola a voce alta questa col tempo si radica nel tuo cuore, convertendolo a quella dichiarazione e così sai che il tuo futuro non cadrà a pezzi come ti immaginavi perché hai iniziato a pensare come pensa Dio. Per cui, puoi notare, che sono tre armi diverse che creano un'unica arma, anzi l'arma è sempre stata una sola, ma analizzandola scopri che sono tre, in realtà è una, come fa a essere tre? Ecco che ti ho spiegato in poche parole la trinità. Non siamo politeisti e non crediamo in tre dio differenti. Crediamo in un unico Dio, uno diviso in tre, ma sempre uno. Che mistero eh?" mi sento in imbarazzo, quasi che la mia religiosità rinata sia solo un'orgogliosa e personale sceneggiata, altrimenti perché mi dovrei sentire umiliato? "Cosa stai cercando di insegnarmi Elia?" cerco di affrettare i tempi: "Dipende da cosa sei disposto ad imparare" ho le braccia incrociate, imbronciato, e quindi mi ridà la Bibbia a Matteo capitolo 20, così leggo ad alta voce: "«Il regno dei cieli è simile a un padrone di casa che uscì all'alba per prendere a giornata lavoratori per la sua vigna. Accordatosi con loro per un denaro al giorno, li mandò nella sua vigna. Uscito poi verso le nove del mattino, ne vide altri che stavano sulla piazza disoccupati e disse loro: Andate anche voi nella mia vigna; quello che è giusto ve lo darò. Ed essi andarono. Uscì di nuovo verso mezzogiorno e verso le tre e fece altrettanto. Uscito ancora verso le cinque, ne vide altri che se ne stavano là e disse loro: Perché ve ne state qui tutto il giorno oziosi? Gli risposero: Perché nessuno ci ha presi a giornata. Ed egli disse loro: Andate anche voi nella mia vigna. Quando fu sera, il padrone della vigna disse al suo fattore: Chiama gli operai e dà loro la paga, incominciando dagli ultimi fino ai primi. Venuti quelli delle cinque del pomeriggio, ricevettero ciascuno un denaro. Quando arrivarono i primi, pensavano che avrebbero ricevuto di più. Ma anch'essi ricevettero un denaro per ciascuno. Nel ritirarlo però, mormoravano contro il padrone dicendo: Questi ultimi hanno lavorato un'ora soltanto e li hai trattati come noi, che abbiamo sopportato il peso della giornata e il caldo. Ma il padrone, rispondendo a uno di loro, disse: Amico, io non ti faccio torto. Non hai forse convenuto con me per un denaro? Prendi il tuo e vattene; ma io voglio dare anche a quest'ultimo quanto a te. Non posso fare delle mie cose quello che voglio? Oppure tu sei invidioso perché io sono buono? Così gli ultimi saranno primi, e i primi ultimi»." Lo fisso come per riceverne spiegazione: "Puoi impegnarti quanto vuoi a fare il santone" mi dice: "Tanto alla fine della giornata tornerai sempre con un dollaro come chi non ha la tua stessa spiritualità. Quindi non pensare di guadagnarti Dio se mai fatti guadagnare da lui" e allora perplesso gli chiedo: "So che tutte queste parole hanno un insegnamento di base. Quale è?" e allora conclude: "Tu non sei straniero per Dio, per cui non devi preoccuparti di dover parlare la sua lingua o dare la riverenza al capo di quella città. Non sei neanche ospite di Dio, per cui doverti comportare con diligenza e attenzione, ma sei concittadino dei santi e famigliare di Dio, per cui è come entrare in casa tua e poterti gettare sul divano spartendo di qua e di là le tue scarpe senza salutare nessuno. Capito il concetto? Tutto questo è assurdo ed è per questo che ogni giorno dovresti spendere qualche minuto a ringraziare, oltre a scacciare via la malinconia, ti rende chiaro quanto Dio sia buono. Gustate e vedete come buono è il Signore"

Così usciamo dalla chiesa ed io un po' umiliato e un po' curioso gli chiedo: "Pensavo di essere già cristiano, ma tu mi hai fatto pensare diversamente. È come se mi hai ribaltato ciò che pensavo di sapere. Voglio essere un cristiano" ed Elia con uno sguardo provocante mi dice "Bene da domani ti iscrivi a pugilato". Rimango sbigottito, penso ad una preghiera diversa o un diverso modo di prendere l'Eucarestia eppure il pugilato; mah, che tipo di messaggio ci sarà nel pugilato? Sicuramente niente di spirituale. Mi saluto con Elia dicendogli di rimanere in giro, ricordandogli che lunedì sarei tornato al lavoro e quindi non avrei potuto frequentarlo così assiduamente, ma che nonostante tutto mi sarei iscritto in palestra. Ci diamo appuntamento per il weekend prossimo.

Sono ancora perplesso, per la persona che sono diventata non cercavo il pugilato ma qualcosa di spirituale, di pacifico, non ero un combattente ma una persona che legge santi e acquista statue religiose. Mi iscrivo a pugilato, vado in palestra, primo giorno. Il mio allenatore mi vede: "Tu devi essere Simone?" ed io un po' intimorito dalla sua stazza balbetto un po': "S-sì sono io" e con tono determinante mi dice: "È passato Elia, il tuo amico, mi ha detto che sei un pappamolla" ed io lo guardo ancora più intimorito, "Su! Ti metto sotto ragazzo" conclude e mi lancia i guantoni al petto "Vai al sacco, jab-diretto-jab" avevo un po' di cultura sulla boxe ma niente di serio, quindi mi metto davanti al sacco e inizio 'sinistro-destro-sinistro', intanto l'allenatore fa il giro della palestra, 'sinistro-destro-sinistro', finché non giunge alla mia postazione, mi guarda e mi dice: "Cosa sono quelli? Non si sente neanche il rumore del sacco colpito" e mi dà un pugno. Inizio ad arrabbiarmi, perché nella mia vita devo sempre sentirmi una femminuccia? Così ricomincio, 'sinistro-destro-sinistro', con tutta la forza che ho, con tutto il peso delle mie sofferenze vinte, con tutta la grinta di un sangue calabrese. Dietro di me l'eco dell'allenatore che grida: "Bravo Simone, bravo!" ma io non sento, devo rompere il sacco o rompermi il polso per averci provato. Non mi sento più spirituale, un ragazzo di chiesa, sono un combattente, pronto per altre sfide, ‘sinistro-destro-sinistro’, finché non arriva la fine dell’allenamento. “Ci vediamo mercoledì” mi dice il mister ed io con sguardo fiero gli faccio capire che ero pronto. Scrivo ad Elia: “Non capisco cosa c’entri Gesù con la boxe ma mi sento più carico che mai” e mi affretto per tornare a casa e dormire.

Il giorno dopo mi trovo un messaggio di Elia, ormai non lo chiamo neanche più il profeta: “Simone questa è la carica che deve avere un cristiano”, così mi fa continuare finché non ne acquisisco le skills.

Passano mesi ed io sono più in forma, più sicuro, di faccia dura ma allo stesso non ho perso la mia amabilità con le persone, perché alla fine se hai bisogno dei pugni per farti rispettare vuol dire che come persona non vali niente.

Parlo con Elia e dico: “A me, comunque, fare la vita tra santi e statuette non mi interessa. Hai mai visto flight?” risponde: “Cos’è un film?” e io rispondo: “Sì, certo. Denzel Washington è il protagonista. È un comandante di aerei e nella parte iniziale del film è in mezzo ad una tempesta con il suo aereo. Per uscirne fuori compie manovre da manicomio e mentre tutti sono spaventati lui canticchia e sorride. Così voglio essere” Elia sorride e mi dice: “Simone, va con questa tua forza e salva il popolo del Signore” io stupito, però aggiungo: “L’ebbrezza del rischio, vivere come qualcuno che sta per essere ammazzato” ed Elia conclude: “Guarda che nella vita vera ti uccidono veramente!” ed io: “Sì, lo so, ma sarebbe entusiasmante”

Così inizia il mio percorso. Come Gesù mandò i suoi in solitudine così ora tocca a me provare ad essere un profeta. Un profeta, penso, io cose future non ne conosco e neanche possiedo una sfera di cristallo. Cos'è un profeta? Come deve comportarsi un profeta? Così prima di iniziare mi decido ad invitare Elia in un posto dove sicuramente non ci saranno state barriere o comportamenti di modo: un aperitivo. È giovedì e finito di lavorare, scrivo a Elia: "Ehi, aperitivo sabato?" faccio per entrare in macchina quando arriva il suo messaggio: "Certo bro" ed è in quel frangente che chiudo la portiera della macchina, occhi fissi sul telefono e un sorriso a 36 denti, non ho mai capito perché i giovani al posto di dire ciao usano termini complicati. Arriva sabato e ci incontriamo sul piacentino. Ci sediamo e la peculiarità è che si sta scrivendo un pezzo di storia ma siamo gente comune, nessuno ci nota. Allora inizio: "Ascolta, io non so chi è un profeta e non so come iniziare" allora Elia replica: "Quale è oggi la schiavitù delle persone?" ho un attimo di riflessione: "Non so" rispondo. Allora l'amico mi dice: "È bene che tu sia prima di tutto in pace con Dio, poi che raggiunga la serenità con te stesso e infine che tu sia in comunione con gli altri. Quando raggiungerai questi obbiettivi allora sarai un profeta a tutti gli effetti" arriva il barista e ci chiede: "Cosa vi porto?" per questa volta optammo per un caffè ed Elia aggiunge: "A me anche un succo di frutta alla mela" mentre si volta verso di me e strizza l'occhio. Una volta presi gli ordini il barista ci lascia ed Elia continua: "Hai internet?" e io rispondo: "Sì, certo!" allora suggerisce di cercare Isaia capitolo 58, versetto 12, così recita: "La tua gente riedificherà le rovine antiche, ricostruirai le fondamenta di trascorse generazioni. Ti chiameranno riparatore di brecce, e restauratore di strade perché siano popolate" e subito alzo lo sguardo verso Elia, nel frattempo arrivano i caffè e il succo di frutta, mentre lui si accinge a bere il suo caffè senza zucchero mi consiglia: "Questo è l'obbiettivo di Dio nella vita delle persone. Che le persone distrutte emotivamente, corporalmente, mentalmente ritrovino quello che hanno perso da tanti anni. Questo è ciò che i cristiani dovrebbero fare; però, ricorda bene, i cristiani, non un cristiano, per cui trova persone che stiano bene con te e tu con loro e lavorate insieme per il bene del mondo". Ci saremmo rivisti da lì a poco, ne ero sicuro e per questo lo saluto con leggerezza: "Ciao Elia" e lui: "Ciao Simo".

Camminiamo, io e l'amico, in un campo di grano. È una passeggiata in una giornata di sole, sembra lo scenario di un film. Il sole splende, il cielo azzurrino rendeva il tutto molto allietante, quasi a coronare una splendida amicizia. Ci sentiamo uniti ed ormai parliamo come due persone veramente in simbiosi. La mia testa è cambiata, così come il mio animo. Ho inteso che nella vita non ti rende saggio il numero di pensieri saggi che fai, ma l'esperienza che ottieni dai problemi che superi. Smetto, o meglio inizio a smettere di essere vacuo rendendomi più concreto. Mentre camminiamo chiedo: "Com'è l'inferno?" ed Elia sospirando risponde: "L'inferno non è come molti se lo immaginano. Una volta che sei dentro, rivivrai l'esperienza più bella della tua vita o sarai nel posto più piacevole in cui sei stato. Una volta che avrai pensato di essere in paradiso, in qualche modo il diavolo ti farà capire che c'è lui lì con te e allora capirai che tutto ciò che c'è stato di bello è ormai finito, per sempre", così cerco di interrogarlo ancora un poco: "Ma scusa se gli angeli non hanno libero arbitrio, come ha fatto il diavolo a ribellarsi?" ed Elia: "Gli angeli hanno libero arbitrio, la Bibbia dice che sono fedeli obbedienti alla sua parola, per cui quando uno è fedele vuol dire che decide di obbedire, altrimenti avrebbero scritto 'non possono far altro che obbedire alla sua parola'" così continuo: "Perché allora Dio ha deciso di creare gli uomini?" e lui risponde a questo argomento con un po' di titubanza: "Guarda, Simone, ce lo stiamo chiedendo tutti. Neanche gli angeli capiscono la misericordia di Dio e anche loro penso che tante volte domandino a Dio di svegliarsi un attimo e capire se l'uomo è una falla nel sistema. Ci ha creati a sua immagine e somiglianza, questo vuol dire che siamo gli unici a cui ha dato l'autorità e la capacità di creare. Tutti vogliono diventare dio al posto di Dio, ma ancora non hanno capito che seguendo Dio diventi come lui. Non diventi onnipotente, ma ti viene data la capacità di cambiare la tua vita, creare cose nuove e quella degli altri" tossisco un po' perché la mia curiosità è tanta, perché diciamoci la verità, molti sono credenti ma in fondo in fondo credono che sia tutto una favola, allora proseguo: "Ma se Lucifero si è ribellato, perché Dio gli ha creato un regno da gestire? Ma soprattutto perché ha ancora potere e gli permette di combattere contro di lui? Anche perché penso stia vincendo" allora Elia scuote le spalle, guarda in alto e dice: "Il diavolo non ha una casa o un regno. Il paradiso non è un'area delimitata. E l'inferno non ha castelli infuocati. L'uomo cerca di rappresentare cose seguendo il suo tipo di concezione della realtà. Chi segue oggi i nuovi guru della psiche e del mondo psichedelico, credo abbiano capito che il mondo spirituale non ha niente a che vedere con la concezione che hai come uomo di realtà. Dio non ha costruito un regno al diavolo, come noi costruiamo una casa a nostro figlio, il diavolo è semplicemente relegato in un buio ancestrale, una tenebra di oblio...non so come spiegarti. Ciò che è senza Dio, Lucifero lo rappresenta" allora, senza concedergli pausa, riprendo: "Perché non lo ha eliminato? Perché ha ancora potere?" così conclude: "Il diavolo è pur sempre una creatura di Dio e Dio pur quanto potente non elimina ciò che crea. Se non gli ha tolto potere è perché è sempre suo figlio, come un papà non taglia le braccia al ragazzo che porta caos in casa, così anche Dio lascia sfogare il suo ragazzo, facendogli credere di avere potere. Alla fine credo che il Signore gli lasci potere per poi ogni tanto dargli qualche batosta secca che gli fa perdere terreno e credo si diverta anche a prenderlo in giro, perché mentre il diavolo si rifiuta di riconoscere gli uomini come esseri dignitosi, Dio per togliergli potere si è fatto uomo, diventando lo schifo di ciò che l'essere umano può rappresentare, per cui ha ottenuto due vittorie: la prima è che ha vinto, la seconda è perché il diavolo non ama abbassarsi e l'ha visto addirittura fare dall'Onnipotente. Sai che umiliazione per lui" "Per favore, per favore" riprendo "Spiegami il senso della battaglia del diavolo. Lui si è ribellato, chiamando altri angeli, pur sapendo che Dio è Onnipotente e non avrebbe mai vinto. O è tutta una favola o il diavolo è veramente stupido" così appare un carro dal cielo, Elia mi fa salire, è stato un viaggio psichedelico, non so come spiegare, qualcosa che va al di là del tempo e dello spazio, qualcosa che va al di là della concezione umana e appare davanti a me una straordinaria realtà di potenza, incomprensibile, inarrivabile, inspiegabile. Vi è una grande luce sfolgorante che vibra, e davanti a me un angelo di una bellezza incommensurabile. Stava al di sotto della luce eterna, sfolgorante e ripieno di gloria. I suoi fratelli lo onorano, mentre Dio ne è fiero. In lui nasce la sensazione di essere poco rispetto alla luce, risplende di quella luce, ma non è la luce. Non ho visto altro ed Elia mi dice: "Ora ti devo lasciare. Racconta alle persone che non gli è dato sapere i misteri accaduti fuori dal tempo e racconta che un giorno avranno le risposte che cercano... che si accontentino della Bibbia: Giovanni 3,12" e un vento borioso mi risucchia da quel posto e cado di schiena sul campo di grano. Sono solo e molto spaesato. Ce l'avrei fatta ad affrontare la vita?

FINE

“Sintesi del discorso, dopo aver ascoltato tutto: temi Dio e osserva i suoi comandamenti, perché qui sta tutto l’uomo” Qoèlet 12:13

Printed by Books on Demand GmbH, Norderstedt / Germany